동물에 대한
예의가 필요해

그림쟁이인 나의 동물에 대한 관심은 자연스럽게 그림으로 옮겨졌다.
우연히 냅킨에 그린 작은 그림은 그림들이 되어 갔다.
이 작은 그림들이 동물을 위로해 주기를,
그들의 행복한 삶을 위한 작은 도움이 되기를 바란다.

동물에 대한 예의가 필요해

냅킨에 쓱쓱 그린
동물을 대하는 인간의 태도에 대하여

차례

1 버려지다 | 5
2 길에서 사는 고양이가 있어 | 21
3 어미 고양이 새끼 고양이 | 49
4 따뜻함을 선물하는 사람들 | 65
5 여기는 유기동물 보호소, 새 가족을 기다립니다 | 79
6 동물원 동물은 행복할까? | 105
7 동물은 생명일까? 물건일까? | 115
8 먹는 동물에 대한 예의 | 133
9 나도 진짜 가족이 생겼어 | 155

1
버려지다

동물에 대한
예의가 필요해

비 오는 날 우왕좌왕 돌아다니는 개.
왜 비를 맞으며 돌아다니는 걸까?

비_오는_날
버려진_개

집에서 살던 개가 길에 버려진다는 건
미래를 알 수 없다는 의미다.
버려진 개는 안절부절못했다.
자신이 왜 길에 있는지 전혀 이해하지 못했다.

비_오는_날_버리는_이유는_뭘까
찾아오지_못하게_하려고?
사람_눈을_피해서?

사람들은 개가 따라오지 못하도록 기둥에 묶거나
땅에 묻고는 뒤도 돌아보지 않고 가 버렸다.
가지 말라고 버리지 말라고 짖어도 소용없었다.
땅속에 묻힌 개는 짖는 것도 할 수 없었다.

어디_가요?
돌아와요
집에_가고_싶어요

개가 쓰레기 봉투에 든 채 쓰레기장에 버려졌다.
15살, 늙은 개였다.
주인은 차마 죽는 모습을 볼 수 없어서 버렸다고 했다.
15년을 함께 살았으면 마지막까지
함께하는 것이 인간의 책임이다.
구조된 개는 하루를 넘기지 못하고 무지개다리를 건넜다.
*동물의 죽음을 무지개다리를 건넌다고 표현한다.

쓰레기장에_버려진_개
버려진_기억

살아 있는 개, 고양이를 쓰레기 봉투에 넣어 버리는 사람늘.
생명은 쓰레기가 아니다.

생명은_쓰레기가_아니다

여기에서 소원을 빌면 집에 갈 수 있을까?
함께 살던 개, 고양이를 버리는 곳은
쓰레기장, 다른 동네, 시골, 산속, 무인도 등 다양하다.
여행지에 버리고 가는 사람도 많다.

가족이_보고_싶어요
비나이다비나이다

펫숍에서 개 79마리가 죽었다.
펫숍은 개를 버리는 사람들에게
돌봐주겠다고 보호비를 받은 후 방치했다.
개를 버리는 사람은 죄책감을 덜었고,
펫숍은 돈을 벌었다.
79마리의 개가 밥을 먹지 못해서,
아픈데도 치료를 받지 못해서 고통 속에 죽었다.

\# 펫숍에서_사고_펫숍에_버리다
\# 강아지별에서는_행복하길

버려진 후 너무 힘들고 우울해서
유기동물 전문 정신과를 찾았다.
트라우마가 생겨서 새 가족을 만나야 치료가 될 거라고 했다.

버려진_상처
유기동물_전문_정신과

가족에게 버림받고 길에서 떠돌던 유기견이
춥고 배고픔을 견디지 못하고 무지개다리를 건너고 말았다.
저승사자는 망각의 차를 내밀었다.

망각의_차는_싫어요
좋은_추억은_잊고_싶지_않아요
기다리라고_했는데…

길에서 자주 마주치는 개가 있다.
혼자 산책을 나온 걸까?
버려진 걸까?
길은 위험하니 꼭 집으로 돌아가.

길을_잃었어?
길은_위험해
집으로_돌아가

월드컵공원에서 살던 유기견 상암이가
포획 과정에서 마취총을 맞고 죽었다.
순하고 사회성이 좋아서 입양처를 찾는 중이었다.
위협적이지 않은 유기견을 성급하게
마취총까지 쏘면서 잡은 이유가 뭐였을까?
개의 목숨보다 사람들의 민원이 더 중요했을까?

강아지별에서_뛰노는_상암이
상암아_미안하다

주인은 툭하면 때리고 집어 던졌다.
개는 멍이 든 채 집을 나왔다.
법적으로 반려동물은 인간의 소유물이다.
그래서 마음대로 때리고 던지고
학대하는 사람들이 있다.

동물학대
때리지_마
주인을_버린_개

겨울에 버려져 혼자 된 개에게 길고양이가 다가왔다.
덕분에 따뜻했다.

길_위의_친구

버려진 개, 묶인 개, 학대받는 개, 길고양이에게
고난했던 하루가 지나간다.
오늘도 참 열심히 살았는데 내일은 오늘보다 나을까?

하루가_간다
내일은_덜_힘들기를

2
길에서 사는
고양이가 있어

동물에 대한
예의가 필요해

길에 사는 고양이가 있다.
길고양이.
길고양이도 배고프고 목마르고 여름엔 덥고 겨울엔 춥다.

길고양이도_고양이다
길고양이도_생명이다

길고양이로 사는 게 힘들다고 투덜댔더니
유기견 친구가
집에서 살던 시절의 이야기를 들려주었다.
참 좋았다고.

길고양이의_소원
배부르면_좋겠다

길에서 사는 생명에게 춥고 눈 내리는 겨울은 힘들다.
배고픔과 추위 때문에 두 배로 힘들다.
그래도 친구와 붙어 있으니 덜 추워….

길고양이의_겨울
길고양이의_겨울나기

길고양이에게 겨울은 힘든 계절이다.
점돌이가 일요일은 포근할 거라고 했다.
그때까지 견딜 수 있을까.

추운데_배까지_고프다

제대로 먹지 못하고 추위를 피할 곳이 없다 보니
길고양이는 겨울이면 감기로 고생한다.
그래서 겨울철 고양이 병원은 언제나 만원.

고양이_병원
고양이도_감기에_걸려

날씨가 많이 따뜻해졌다.
대장 고양이에게 날씨가 풀려서 좋다고 했는데
시큰둥하다.

길고양이는_언제나_힘들다

길고양이는 하루하루 살아가는 게 전쟁이다.
하루를 잘 보냈다면 스스로에게 칭찬과 격려가 필요해.

길고양이_콘서트
수고했어_오늘도

길에서 사는 고양이의 과거는 다 다르다.
길에서 태어난 고양이,
버려져서 갑자기 길에서 살게 된 고양이,
문이 열린 틈에 나왔다가 집을 찾아가지 못한 고양이.
어떤 이유로 길에서 살게 되었든 길 위의 생활은 모두에게 힘들다.

집에서_나오지_마
집_나오면_고생

비가 오면 먹을 걸 찾기가 더 어렵다.
어쩔 수 없이 배를 곯기 일쑤.

비_오는_날은_배를_곯는_날

길고양이 병원은 늘 만원이다.
겨울은 겨울이라서 여름은 여름이라서, 봄이라서 가을이라서.
언제나 아슬아슬하게 살아간다.
아프지 말자. 다치지 말자.

길고양이_병원
아프지_말자
다치지_말자

고양이는 따뜻한 걸 좋아하지만
요즘 여름 더위는 고양이도 힘들다.
내리쬐는 햇살을 피해 마음 편히
쉴 수 있는 곳이 있다면 그나마 다행이다.

고양이도_덥다

여름은 목이 타는 계절이다.
길고양이 밥을 챙기는 사람은 예전보다 많아졌지만
밥만 챙기는 사람도 많다.
모든 생명에게 물은 밥만큼이나 중요한데….
목이 말라서 쩔쩔맬 때 비가 오면 참 고맙다.

빗물이_맛있어
고양이도_물이_필요해

똑돌이가 보이지 않는다.
길고양이가 갑자기 사라지는 이유는 여러 가지가 있다.
많이 아픈 걸까? 길을 건너다가 사고를 당했나?
뭘 잘못 먹은 걸까? 나쁜 사람을 만난 걸까?

돌아오지_않는_친구
똑돌이는_어디로_갔을까

길고양이는 평생 폭력에 노출된 채 산다.
돌보는 사람이 없으니 손쉽게 폭력의 대상이 된다.
가게에서 경보가 울려 출동한 보안업체 직원이
가게에 있던 길고양이를 때려 죽였다.
길고양이 살해는 형량이 가벼워서
전국에서 매일, 매 순간 일어난다.

길고양이도_똑같이_소중한_생명이다
왜_길고양이만_미워할까
#인간은_위험해

한 남자가 길고양이 600마리를 잡아서 진강원에 팔았다.
고양이를 먹으면 관절이 좋아진다는 건 잘못된 믿음이다.

미안하고_미안하다
너희를_기억할게

추운 겨울.
길고양이를 친 차는 뒤도 돌아보지 않고 가 버렸다.
차를 멈추고 내리지 않는 이유는
길고양이였기 때문이었을까?

친구야
얼어_버린_몸

추운 겨울, 길에서 사는 고양이는 겨우겨우 살아간다.
겨울은 물과 밥을 구하기 어렵고,
추운 날이 이어지면 병을 얻기도 쉽다.
특히 태어난 후 첫 겨울을
무사히 넘기는 새끼 고양이는 많지 않다.

갑자기_찾아온_이별
고양이별로_잘_찾아가

길에서 살다가 조용히 사라진 생명은
누구도 애도해 주지 않는다.
누구도 울어 주지 않는다.
국화꽃 한 송이도 바치는 사람이 없다.
하늘에서 국화꽃 비가 내리면 좋겠다.

국화꽃
길고양이를_위한_애도

카페에서 돌보는 고양이 자두가
아무 이유 없이 잔혹하게 살해당했다.
살해범은 계속 "길고양이인 줄 알았다."고 말했다.
길고양이는 죽여도 형량이 적다는 것을 알고 있었다.
집고양이든 길고양이든 같은 고양이라는 걸
사람들은 아는데 법만 모른다.

집고양이_길고양이
다_같은_고양이

저승사자가 찾아왔다.
슬픈 기억은 잊고 행복했던 순간만 기억하라고 한다.
힘들고 슬픈 기억을 다 잊을 수 있으면 좋겠다.

슬픈_기억은_잊자

밀양에서 살던 노랭이와 깜돌이는 절친이었다.
둘이 서로를 의지하며 살던 어느 날
노랭이가 차에 치여 떠나고 말았다.
다행히 깜돌이는 노랭이의 사고를 보지 못했고,
오늘도 노랭이를 기다리고 있다.

노랭이와_깜돌이
친구를_기다리는_깜돌이

친구들과 길을 나섰다.
고양이 섬이 있다고 해서 찾아가려고.
그곳은 어떤 곳일까? 너무 기대가 된다.
그곳의 고양이들은 행복할까?

고양이_섬
고양이만_사는_섬으로_출발

길고양이 평균 수명은 서너 살이다.
평균 수명이 15살이 넘는 집고양이에 비해서
턱없이 짧은 삶이다.
사고와 사건이 많은 길에서
안전하게 오래 살기란 쉽지 않다.
이번 생은 몇 살까지 살 수 있을까?

길고양이_평균_수명
길고양이도_오래_살고_싶다

누구나 행복하게 살고 싶다.
그런데 길고양이로 산다는 것은 왜 이리 힘들까?
누구보다 열심히 사는데.

길고양이도_다르지_않아
길고양이로_사는_건_힘들어
살아_있어서_의미가_있다

길고양이는 오늘을 산다.
내일에 대한 기약은 없다.
오늘 하루를 잘 버텼으니 내일도 잘 버텨 보자.

오늘_내일
또_하루를_살아냈다

3
어미 고양이
새끼 고양이

동물에 대한
예의가 필요해

길고양이에게 두려운 추운 겨울이 오고 있다.
새끼에게 감기 조심하라고 그렇게 말했는데
벌써 감기에 걸리고 말았다.
길에서 사는 새끼 고양이에게 감기는 흔하고 위험한 병이다.

새끼_고양이
감기_걸리지_마

아이들한테 맛있는 걸 먹일 수 있을까?
언젠가 지나던 사람이 준 간식이 참 맛있던데
어디서 얻을 수 있을까?
엄마 마음도 모르고 아이들은 뒹굴며 논다.

엄마의_마음
길고양이에게_명절이란

많은 길고양이가 차 사고로 죽는다.
서울에서 로드킬road kill, 교통사고로 인한 동물의 죽음로 죽는 동물의
약 80퍼센트가 길고양이다.
그래서 새끼 고양이들에게 어릴 때부터 차 조심을 시키는데도
사고는 계속된다.
특히 로드킬 다발 구역을 지날 때는 더 조심해야 한다.

고양이도_차_조심
길고양이_로드킬

고양이 전용 육교가 필요해.
안전하게 길을 건너기 위해서.
도시에는 차가 너무 많고 다들 바쁘게 달리니까.

길고양이_육교
로드킬은_고양이도_사람도_위험하다

봄은 모든 생명에게 행복한 계절이다.
긴 겨울을 버틴 생명들에게 찾아오는 따뜻한 봄.
특히 첫 겨울을 무사히 넘기고 봄을 맞은 새끼 고양이에게는
더 반가운 봄이다.

새끼_고양이
아깽이
봄_노래

길고양이도 매일 열심히 산다.
그러나 오늘을 열심히 살았다고
내일의 행복이 보장되는 건 아니다.
내일을 걱정하지 않고 새끼들과 살 수 있으면 좋겠다.

걱정_말아요_그대

새끼 길고양이는 조심해야 할 것이 많다.
사람노 조심하고 차도 조심하고 병도 조심하고.
다친 길고양이를 도와주는 사람은 많지 않다.

\# 비둘기가_새끼_고양이에게
\# 비둘기의_충고

쥐돌이가 새끼 고양이들에게
나쁜 사람을 보면 조심하라고 알려줬다.
하지만 새끼들은 누가 나쁜 사람인지 알 수 없다.

쥐돌이의_수업
누가_나쁜_사람인지_어떻게_알아

어미 길고양이는 언제나 새끼 걱정이다
아파도 걱정, 다쳐도 걱정.
조심하라고 그렇게 얘기했는데 다쳐서 왔다.
그런데 엄마가 해 줄 수 있는 게 없다.

어미_고양이의_걱정
엄마가_해_줄_수_있는_게_없어

새끼에게 맛있는 걸 먹이고 싶은 건 모든 엄마의 마음.
맛있는 걸 먹고 싶다는데 어디서 구해 줘야 할까.
엄마는 마음이 무겁다.

엄마의_마음
뭐가_먹고_싶니

어미 고양이가 밥을 구하러 잠깐 갔다 왔는데
새끼들이 없어셨다.
또 사람이 데리고 간 건가?
엄마는 새끼를 부르며 운다.

\# 새끼가_없어졌다
\# 어미_있는_새끼_고양이_데리고_가지_마

길고양이 중에서도 새끼 고양이는 더 쉬운 폭력의 대상이다.
작고 경계심이 없어서 나쁜 마음을 먹은 사람들이
훨씬 쉽게 잡을 수 있기 때문이다.
그래서 새끼 길고양이의 몸이
잔인하게 훼손된 채 발견되는 일이 흔하다.

새끼_고양이의_명복을_빈다
고양이_천국으로_잘_찾아가기를
새끼_고양이_괴롭히지_마

엄마, 나예요.
정신 차려보니 내가 죽어있었어요.
엄마가 길 건널때 조심하라고 했었는데.. 죄송해요.
어떤 사람이와서 내가 죽은걸 수습해주었어요.
얼마전에 여기서 길 건너다 죽은 청설모와 같이 있어요.
엄마, 1년도 못살고 죽었지만 그동안 행복했어요.
나곁에 고양이별에 오시면 마중나갈게요.
그동안 건강하세요!..

아가야 좋은곳으로 가려무나...

길고양이의 수명은 짧다.
특히 새끼 고양이는
1년도 채 살지 못하고 떠나는 경우가 너무 많다.
짧지만 엄마랑 살았던 1년이 행복했을까?

엄마에게
새끼_고양이의_짧은_삶

엄마, 길고양이도 행복할 수 있어요?
우리 아프지 말고 행복하게 오래 살아요.

새끼_고양이의_소원
우리_행복하게_살아요

4
따뜻함을 선물하는
사람들

동물에 대한
예의가 필요해

누군가 밥을 주기 시작했다.
덕분에 배를 굶지 않게 되었다.
사람을 믿어도 될까?
밥 주는 큰고양이라고 부르기로 했다.

큰고양이
믿어도_될까
캣맘

누군가 종이 박스로 집을 만들어 주었다.
들어가 보니 편안하고 아늑하다.
바람 피할 수 있는 곳에서 한숨 잘 수 있어서 정말 좋다.

좋은_하루
집이_생겼다

겨울에는 마실 물을 찾기가 어렵다
다 꽁꽁 얼어서.
따뜻한 물을 마실 수 있는 날은 운수 좋은 날이다.
따뜻한 물을 호호 불며 마시니 이제야 살 것 같다.

운수_좋은_날
겨울에는_밥만큼_물이_소중하다
고양이도_물이_필요해

오늘 별일 없이 잘 지냈냐고 묻는 사람이 생겼다.
내일도 잘 버티자.

물어봐_주는_사람
고마워_큰고양이

큰고양이에게 따뜻함을 선물로 받았다
고미워요, 추울 때 꺼내 쓸게요.

따뜻함
큰고양이의_선물

비가 온다.
큰고양이가 우산을 씌어 주길래 가만히 있었다.

비_피할_곳을_찾았어

남자 고양이에게 고백을 받았는데 거절했다.

나는 중성화수술을 했거든.

인간이랑 함께 살려고.

* TNR : Trap(포획)-Neuter(중성화)-Return(방사), 포획해서 중성화수술을 시킨 후 같은 자리에 방사하는 관리 방법. 거리에서 사는 동물의 개체수 조절에 가장 적합한 방법으로 세계적으로 널리 이용되고 있다.

길고양이_중성화수술
끝을_살짝_자른_귀는_중성화수술_표식

큰고양이야, 밥 챙겨 줘서 고마워.
덕분에 행복한 봄을 보내고 있어.

행복한_봄

밥을 챙겨 주는 큰고양이가
오늘도 지나가는 사람들에게 잔소리를 듣는다.
풀 죽은 큰고양이를 보니 나도 눈치가 보인다.
밥을 먹는 건지 쑤셔 넣는 건지.

큰고양이가_혼난다
화내지_마세요

밥이 없다.
무슨 일일까?
큰고양이를 기다린다.

길고양이도_사람과_마찬가지로_배고프다
길고양이는_인간과_뭐가_다를까?

나도 건강해서 큰고양이에게 걱정을 끼치고 싶지 않은데,
자꾸 아프다.
내가 밥을 먹지 않으니 큰고양이가 걱정을 한다.
걱정 마. 먹을 거야.

길고양이는_아픈_곳이_많다
걱정해_주는_사람

큰고양이 얼굴이 슬프다.
이사를 가는 걸까?
이제 나는 또 어떻게 살아야 할까.

큰고양이의_걱정
이사_가요?

5
여기는 유기동물 보호소,
새 가족을 기다립니다

동물에 대한
예의가 필요해

보호소에 들어온 동물들은 어떤 사연을 갖고 있을까?
언제 어떻게 버려진 걸까?
왜 버려진 걸까?
버려진 걸까? 잃어버린 걸까?

각자의_사연

명절이나 휴가철에 버려지는 동물들.
좋은 날 반려동물을 버리는 이유가 뭘까?
집을 비워야 하는데 맡길 데가 없어서?
명절에도 동물들은 보호소에서 가족을 기다린다.

\# 반려동물도_가족
\# 명절의_보호소
\# 휴가철의_보호소

철장에 갇혀 있어야 하는 보호소가 싫다.
가족이 보고 싶다.
집에 갈 수 있을까?

보고_싶어요
집에_가고_싶어

철장에 있으니 발이 아파!
대부분의 보호소는 청소와 관리가 편하기 때문에
동물을 철장에 넣어둔다.
쇠창살 위에 서 있으면 발이 아프고 불편해서 눕기도 힘들다.
아프고 불편한 철장을 벗어나는 방법은 입양뿐이다.

발_아파
편안한_집에서_살고_싶어

보호소는 길에서 떠돌 때처럼 춥고 덥고 배고프지 않아서 좋다.
그런데 나라에서 운영하는 보호소는
일정 기간 내에 입양이 되지 않으면 안락사를 시킨다.
나는 더 살고 싶은데 보호소에 있는 게 길에서 사는 것보다
나은지 모르겠다.

* 동물보호단체가 운영하는 보호소는 안락사를 하지 않는다.

유기동물_안락사
나도_더_살고_싶은데
보호소가_나은_걸까?

보호소로 온 모든 유기동물이 가족을 찾는 건 아니다.
나라에서 운영하는 보호소에서는
입소한 지 10~30일이 지나도 입양이 되지 않으면 안락사,
또는 자연사병을 치료해 주지 않아서 고통스럽게 죽는 죽음으로 죽게 된다.
거의 매년 약 10만 마리가 넘는 동물이 보호소로 오고
그중 약 절반이 안락사와 자연사로 죽는다.

보호소가_맞는_거야?
보호소가_동물을_죽이는_곳이라니

보호소에 왔는데 곧 죽을지도 모른대.
이게 뭐야, 나는 건강하고 아무 문제도 없다고.
저 멀리 저승사자가 보이네.
여기 보호소가 맞는 거야?

저승사자가_보여
보호소가_보호소가_아니야

한 보호소가 살아 있는 유기견을 냉동고에 넣어 죽였다.
유기동물을 이용해서 돈을 버는 곳이 되어 버린
보호소도 있다.
사람이 괴물이 되어 가나 봐.

귀견
환생시켜_줘

유기동물이 새 가족을 만나는 일은 쉽지 않다.
버려신 동물은 많고, 유기동물을 입양하려는 사람은 적다.
그래서 새 가족을 찾는 일은 늘 경쟁이 치열하다.

가족_만나기가_쉽지_않네
버려지는_동물이_너무_많아

유기동물의 소원은
1위 입양, 2위 임보, 3위 안락사 없는 보호소.
입양은 로또 1등 당첨만큼이나 어렵다.
사람들이 입양하는 동물보다 버리는 동물이 많기 때문이고,
유기동물을 입양하지 않고 펫숍에서 사기 때문이다.
입양이 안 되면 임보임시보호의 준말. 입양을 가기 전에 임시로 가정집에서
돌보는 일나 안락사 없는 보호소라도 가면 좋으련만 그것도 쉽지 않다.

유기동물에게_로또는_입양
사지_말고_입양하세요

보호소에서 유난히 안락사가 많은 날이 있다.
강아지별, 고양이별, 햄스터별, 토끼별로
돌아가는 아이들이 많은 날.

구름_위를_걸어가는_길
안락사
동물별
무지개다리

버려지고 길에서 헤매다가 보호소에 간 동물들은
다 같은 소원을 갖고 있다.
입양!
올해는 소원이 이루어질까?
소심한 검둥씨와 입질하는 흰둥이도 입양갈 수 있을까?

올해의_운세
입양이_소원

동물보호단체 보호소는 유기동물 입양 홍보를 위해서
거리에 나가 캠페인을 하기도 한다.
꼬리를 흔드는 개들과 그들을 둘러보는 사람들.
모든 유기동물에게 집이, 가족이 생기면 좋겠다.

가족을_찾으세요?
나를_데려가요
가족이_되어_주세요
사지_말고_입양하세요

입양이 어려운 개들이 있다.
그중 첫 번째는 성격이 사나운 경우다.
말티즈 형아는 왜 항상 화가 나 있을까?
하지만 성격이 사납게 된 건
제대로 교육하지 않고 키우다가 버린 사람 때문이다.

화내는_말티즈
성격이_나쁜_건_사람_탓이라고
문제는_개가_아니라_버린_사람에게_있다

입양이 어려운 건 나이 든 동물도 마찬가지다.
누구나 귀엽고 어린 동물을 좋아하니까.
하지만 늙을수록 보살펴 줄 가족이 필요하다.
열 살인 개도 입양갈 수 있을까?
동물보호단체의 보호소에서 늙어 가는 동물이 많다.

나이_든_개는_어려울까요?
나도_입양_가고_싶어요

무는 버릇이 있는 개도 입양이 어렵다.
제대로 교육하면 개에게 나쁜 버릇이 생기지 않는다.
사람과 잘 사는 방법을 제대로 가르쳐 주지도 않고
문제가 생기면 버린다.
형, 사람 물지 마요. 입양가야죠.

무는_버릇은_교육하면_고칠_수_있다
무는_버릇은_대부분_인간_때문에_생긴다

개를 버리는 가장 큰 이유는 대소변 문제다.
똥오줌을 아무 곳에나 싼다고 쉽게 버리지만
대소변 가리기는 제대로 가르치면 모든 개가 성공할 수 있다.

대소변_가리기_잘할_수_있어요
차근차근_가르쳐_주세요

입양을 갔는데 왜 다시 보호소로 돌아왔어?
입양을 갔다가 파양입양을 갔다가 돌아오는 일돼서
돌아오는 동물이 있다.
보호소에서 살다가 새로운 환경에 가서 적응하려면
동물도 시간이 필요하다.
마음을 열 때까지 기다려 줘.

\# 파양
\# 어이가_없네
\# 기다림이_필요해

보호소에는 개, 고양이만 있는 것이 아니다.
보호소에는 햄스터, 토끼, 고슴도치, 닭 등 많은 동물이 있다.
사람들은 개, 고양이에 비해
소동물을 더 쉽게 사고 쉽게 버린다.

소동물
소동물은_더_쉽게_사고_쉽게_버린다
우리도_입양_갈_수_있을까?

보호소에 들어온 햄스터가 안락사당했다.
무료로 나눠 주거나 마트에서 1천~2천 원에 파는 햄스터를
보호소까지 와서 입양하는 사람은 거의 없다.

보호소_햄스터_사연
마트에서_햄스터를_사면_안_되는_이유

제주도 유기동물 보호소에서 안락사로 죽은 동물의 사체를
사료 제조 공장에 팔았다.
보호소 동물들의 죽음도 존중받아야 한다.

보호소에서_안락사로_죽은_동물들로_만든_사료
우리도_이런_사료_먹기_싫다고

보호소에서 유기동물을 입양하는 일은
한 생명을 살리는 일이다.
사지 말고 입양하세요.

유기동물_입양
사지_말고_입양하세요
친구들아_너희도_꼭_새_가족을_만나

6
동물원 동물은
행복할까?

동물에 대한
예의가 필요해

북극곰은 기온이 영하 40도까지 내려가는 북극에서 사는데
한국은 여름이면 기온이 영상 40도 가까이 올라간다.
북극곰은 열이 밖으로 빠져 나가지 않도록 되어 있는 신체 구조
때문에 여름이면 체온 상승으로 인한 고통을 겪으면서
사람들 앞에 전시된다.

\# 더위에_헐떡이는_내_모습을_보는_게_사람들은_좋을까
\# 동물원_동물은_행복할까

동물원의 북극곰은 야생에서보다
백만 배 좁은 공간에 갇혀서 산다.
눈 내리는 야생의 한복판에서 뒹굴며 노는 건
꿈에서나 가능한 일이다.
한국의 마지막 북극곰 통키는 2018년에 떠났다.
죽어서야 비로소 동물원을 벗어날 수 있었다.

북극곰의_꿈
죽어서_벗어나다

동물원 동물들이 우리 안에서 빙글빙글 도는 걸 보면서
사람들은 춤을 춘다며 즐거워한다.
호랑이, 북극여우는 좋아서 이런 행동을 하는 걸까?
이런 행동을 정형행동이라고 한다.
호랑이 의사님의 말대로 좁은 우리에 갇힌 게 너무 힘들어서
미쳐가는 거다.

좋아서_빙글빙글_도는_게_아니야
동물원_동물의_춤
정형행동

동물원 동물도 퇴근 시간을 기다린다.
사람들의 시선을 피할 곳이 없어서 피곤하기 때문이다.
자신의 모습을 하루 종일 일거수일투족
보여 주는 일은 고통이다.

숨을_곳이_필요해
동물원_동물도_퇴근하자

체험 카페, 체험 동물원, 실내 동물원, 이동 동물원….
다양한 형태의 유사 동물원이 늘고 있다.
대부분 동물을 만질 수 있는데
사람의 손길이 좋은 야생동물은 세상에 없다.
그들은 "날 만지지 마!"라고 고통을 표현하지 못할 뿐이다.

체험_카페 # 체험_동물원
실내_동물원 # 이동_동물원

실내 동물원은 폐쇄된 공간에서
평생 햇볕도 쬐지 못하는 것만으로도
야생동물의 원서식지와 근본적으로 다르다.
유리창 너머 동물은 살아 있는 생명이지
사진 찍기용 인형이 아니다.

실내_동물원
실내_동물원으로_소풍_가지_마세요
교사와_학부모에게_부탁합니다

이름이 사막여우인 건 사막에서 살기 때문인데
한국에서는 가정집에, 실내 동물원에 산다.
《어린 왕자》 속 사막여우를 구해 줘.

사막여우가_귀엽나요
실내_동물원은_동물에게_지옥이야

동물원 동물은 어디서 태어났을까?
많은 동물원 동물이 야생이 아닌 동물원에서 태어난다.
2015년 메르스중동호흡기증후군가 국내에 유입되었을 때
바이러스가 낙타를 거쳐 인간으로 전염되었다고 알려지자
동물원의 낙타들이 실내에 갇혔다.
갇힌 낙타들은 다 한국에서 태어났는데….

동물원_동물은_어디에서_왔을까
나_왜_갇힌_거야

7
동물은 생명일까?
물건일까?

동물에 대한
예의가 필요해

강아지 공장puppy mill, 대규모로 개를 번식·생산해서 판매하는 개 농장의
어미 개는 새끼를 낳자마자 인간에게 뺏긴다.
어미 개는 1년에 몇 번씩
기계적으로 임신과 출산을 반복한다.
사람들이 펫숍에서 강아지를 돈 주고 사면
어미 개들은 이곳에서 벗어날 수 없다.

강아지_공장
내_새끼들을_어디로_데려가나요

먹기 위해 개 농장에서 키우는 개는 개가 아니란다.
반려견과는 다르다고. 식용견이라고.
개 농장의 개도 철장에서 나와 달리며 놀고 싶은,
똑같은 개다.

\# 나는_개가_아니라고?
\# 개가_아니면_나는_뭘까

버려진 개는 가족이 자기를 버렸을 리가 없다고 믿는다.
가족끼리는 귀찮다고 버리지 않으니까.
그런데 가족처럼 살던 반려동물은 버린다.
현재 우리나라 법에서 동물은 인간과 같은 생명이 아니다.
헌법에는 동물에 관한 언급이 없고,
민법에서는 물건으로 취급된다.

가족은_버리는_게_아니다
동물은_생명이_아니래
물건이래

함께 사는 반려동물에 대한 폭력이 자주 일어난다.
하지만 내 개를, 내 고양이를 내가 때린 거라서 문제없단다.
물건이라서. 재산이라서. 소유물이라서.
개는 냉장고가 아니다.
고양이는 식탁이 아니다.

\# 동물학대라고!
\# 동물은_인간의_소유물이_아니다
\# 동물은_인간의_재산이_아니다

고양이가 인형과 함께 버려졌다.

고양이는_인형이_아니다

펫숍이나 마트에는 개, 고양이, 토끼, 햄스터 등
많은 동물이 전시되고 판매된다.
사람들은 마트에서 칫솔, 과자, 쓰레기봉투가 담긴
장바구니에 넣을 생명을 고른다.

5개월_무이자_9만_9천_원
생명은_사고파는_물건이_아니다

마트에서 생명이 팔린다.
특히 햄스터, 고슴도치 같은 작은 동물은
몇 천 원의 값싼 가격에 판매된다.
생명을 하찮고, 쉽게 사고파는 게
당연한 것으로 여겨지게 해서는 안 된다.

마트_소동물
마트_동물_판매_금지
햄스터 # 고슴도치 # 기니피그

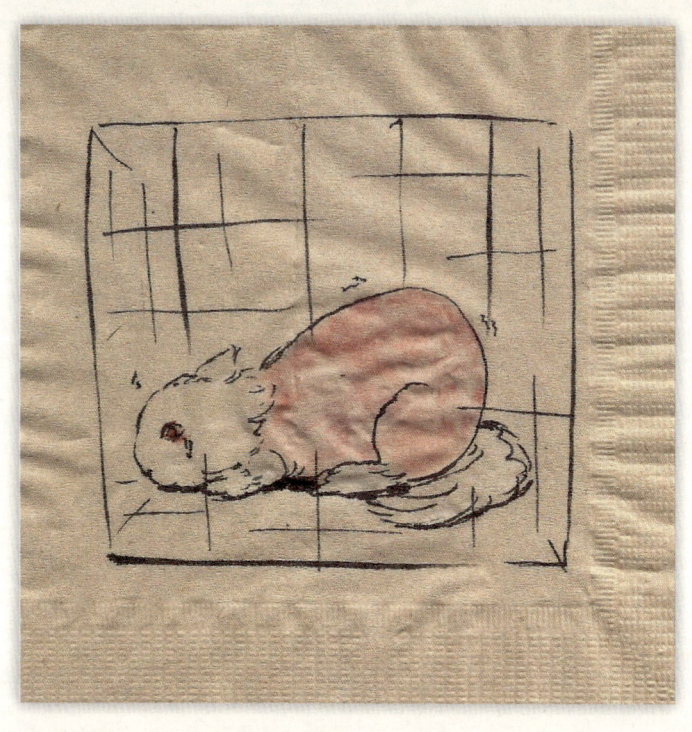

겨울이면 앙고라 장갑을 끼고 앙고라 옷을 입는 사람들.
앙고라는 천의 종류가 아니고 토끼의 품종 이름이나.
색이 희고 긴 앙고라 털은 가볍고 아름다워서
사람들이 이 털을 노린다.

모피_반대
앙고라는_토끼예요
토끼털은_토끼의_것

겨울이면 모자에 라쿤미국너구리 털이 달린
외투를 입는 사람들이 많다.
중국의 공장식 모피 농장에서 라쿤은
좁은 철장에 갇혀서 살다가 산 채로 털가죽이 벗겨진다.
라쿤 털은 잔인한 동물학대로 얻는 털이다.

공장식_모피_농장
내_털이_따뜻한가요?
라쿤_털_달린_겨울옷_입지_마

국화꽃이 구름 위로 올라온다.
실험동물의 날이라고 추모제를 하는 모양이다.
우리나라는 매년 약 370만 마리의 실험동물이 죽임을 당해서
동물실험 천국이라는 오명을 갖고 있다.
동물실험은 꼭 필요할까?
불필요한 실험부터 줄여야 한다.

실험동물_추모제
동물실험_반대
꼭_필요하지_않은_동물실험으로_많은_동물이_죽는다

비글은 인간을 잘 따르고 순한 성격 때문에
실험동물로 많이 사용된다.
사람이 주사기로 찔러도 손을 핥는, 사람을 좋아하는 착한 개.
비글은 활동성이 좋다.
비글도 실험실 밖에서 뛰놀고 싶다.

착한_게_죄인가요
비글의_슬픔
동물실험_반대

메이는 평생 인간과 나라를 위해서 검역견으로 활동했다.
은퇴 후에 편히게 살아야 하는데
실험동물로 사용되다가 죽었다.
동물보호법상 사역견은 실험동물로 사용하면 불법임에도
고통스럽게 인간에게 이용만 당하다가 떠났다.

검역견_메이
메이야_미안해
동물실험_반대

퇴역한 경주마가 다른 말들이 지켜보는 가운데
폭력을 당하다가 도살되었다.
도살된 말은 말고기로 식당에 팔렸다.
인간의 오락을 위해 경주마로 짧은 삶을 마친 말은
죽는 순간에도 존중받지 못했다.

넌_멋진_말이었어
멋진_경주마로_기억할게

인간이 사용하는 플라스틱 때문에 해양동물이 위기에 처했다.
바다거북은 바다에 떠다니는 비닐을 해파리인 줄 알고 먹고,
코에 빨대가 꽂혀 죽어 간다.
내가 사용한 빨대가, 플라스틱이, 비닐이
저 멀리 동물들에게 영향을 미친다.

비닐_먹지_마
인간이_버린_플라스틱을_동물이_먹는다

많은 야생동물이 로드킬 때문에 길에서 사고를 당해
다치거나 목숨을 잃는다.
우리나라는 단위 면적당 도로 면적 비중이 굉장히 높다.
도로가 많다는 건 차가 많이 다닌다는 뜻이고,
야생동물은 그 길을 건너다가 죽임을 당한다.
인간의 길이 야생동물에게는 죽음에 이르는 길이 되었다.

\# 야생동물_로드킬
\# 인간과_동물이_공존하는_길
\# 도로_그만_만들어

8
먹는 동물에 대한
예의

동물에 대한
예의가 필요해

인간이 보양식을 찾는 복날이면 동물들은 두려움에 떤다.
영양 과잉의 시대다.
굳이 보양식이 필요할까.
복날에는 고기 대신 시원한 과일이 어떨까.

복날
저승길
고기_대신_과일

공장식 축산싸게 많이 팔기 위해 동물을 좁은 장소에서 밀집 사육하는 방식으로 길러지는 암컷 돼지는

평생 임신과 출산, 수유를 반복하며

몸을 움직일 수 없는 작은 틀이나 공간에 갇혀 지낸다.

어미 돼지가 새끼 돼지와 함께 땅 위를 걷는 날은 없다.

* 동물이 본래의 습성을 유지하면서 정상적으로 살 수 있는 동물복지 농장의 사정은 조금 낫다.

어미_돼지의_새해

암컷_돼지의_삶

공장식_축산

돼지 가족이 농장을 빠져 나와 카페에 왔다.
에어컨 바람이 시원하다.
인간은 이렇게 사는구나.

돼지의_삶

매년 여름이면 공장 같은 공간에 갇힌 농장동물은
폭염으로 수없이 죽는다.
공기가 제대로 통하지 않는 좁은 밀폐 공간에 갇혀 있기 때문이다.

슬픈_여름
공장식_축산_반대
폭염으로_죽는_농장동물

매년 돼지 농장에서 화재가 나 많은 돼지가 죽는다.
틀에 갇히고, 우리에 갇히고, 공장에 갇힌 동물은
도망을 쳐 보지도 못하고 죽는다.

불이_나도_도망갈_수가_없어
공장식_축산의_문을_열어라

쥐돌이가 눈송이를 가져와 선물했다.
어미 돼지는 바깥세상을 한 번도 구경하지 못했다.
눈이 오는 바깥세상은 얼마나 멋질까?

돼지에게_파란_하늘과_맑은_공기를
공장식_축산을_동물복지_농장으로

돼지가 거울 속 자신의 모습을 유심히 살핀다.
나는 돼지인데 사람들이 왜 나를 고기라고 부르는지
이유를 알고 싶다.

돼지는_돼지다
돼지도_똑같이_소중한_생명이다

달걀 생산을 위해 키워지는 산란계는
A4 용지 2/3 정도 크기의 공간에 갇힌 채 평생 알만 낳는다.
밀집 사육은 닭에게 신체적, 정신적 질환을 일으킨다.
사람들은 그런 닭이 낳은 알을 먹고 산다.

달걀_낳는_닭
산란계의_삶
동물복지_달걀을_먹자

쥐돌이가 새끼들을 어미에게 데려다 줬다.
현대식 양계장에서는 어미 닭이 알을 낳으면
바로 인간에게 빼앗겨 평생 새끼를 만날 수 없다.

어미_닭
병아리

훨훨 날아 양계장에서 도망치는 닭.
그러나 현실에서 닭이 도망칠 방법은 없다.
《마당을 나온 암탉》의 잎싹이의 이야기는
동화여서 가능한 일.

산란계의_현실
도망치고_싶다
훨훨_날자

돼돌이가 여행을 떠난다. 어디로 갈까?
소는 소답게, 돼지는 돼지답게, 닭은 닭답게 살 수 있는 곳.
소는 풀을 뜯고, 돼지는 코로 땅을 파고,
닭은 모래목욕을 하는 곳으로 가자.

#돼지는_돼지답게
#닭은_닭답게
소는_소답게

도살장 가는 날.
소의 평균 수명은 20년인데
대부분의 소는 2살 때쯤 도살장으로 끌려가 고기가 된다.
소는 하늘에 가서 구름풀을 먹었다.

도살장_가는_길
소도_자기_수명만큼_살고_싶다

누렁이와 고양이들은 땅에 묻힌 소돌이를 찾으며 울었다.
가축 전염병인 구제역과 조류독감으로
소, 닭, 돼지가 땅에 묻혔다.
2010년 이후 우리나라에서
전염병으로 살처분된 가축의 수가 1억 마리를 넘었다.
공장식 축산을 없애고 예방접종을 해서 예방하는 방법도 있는데
무조건 죽여서 묻어 버렸다.
우리는 1억 마리의 동물이 매몰된 땅에서 살고 있다.

가축_전염병
구제역
조류독감
죽이지_마
죽음의_땅

어미 닭이 새끼들을 데리고 인간 없는 곳으로 도망간다.
조류독감에 걸리지도 않았는데 죽이려고 하기 때문이다.
조류독감이 발생하면 많은 닭, 오리가 땅에 묻힌다.
감염되지 않은 건강한 닭, 오리도 예방적 차원으로 살처분된다.

조류독감
예방적_살처분을_멈춰

엄마 잃은 새끼 돼지가 운다.
살처분 명령이 내려져 건강한 엄마가 땅에 묻혔다.
새끼 돼지는 엄마를 부르며 밤새 울었다.

대량_살처분은_틀렸다
동물을_죽이는_게_아닌_살리는_방법을_내놓아라

매 순간 많은 동물이 식용으로, 학대로, 전염병으로 죽고 있다.
동물들은 천국의 문으로 바로 들어가도 된다.
동물은 순수한 영혼이기 때문이다.
동물은 죄를 짓지 않거든.

동물은_천국_직행
너무_많은_동물이_죽고_있다

반려동물과 농장동물은 뭐가 다를까?
반려견과 식용견이 다르지 않듯
반려동물과 농장동물도 다르지 않은 생명이다.
구분하지 말자.

다_같은_생명

9
나도 진짜
가족이 생겼어

동물에 대한
예의가 필요해

소풍 출발!

소풍 길에 나무에 묶인 개를 만났어.
가족들이 잠깐 기다리라고 했대.
시간이 지나도 가족이 오지 않아서
걱정하며 기다리고 있더라고.

개, 고양이 남매는
종알종알 말이 많아.

걱정 말고 가래도
밤까지 함께 있어 줬어.

개네들이 줄을 풀어주길래
집에 가려고 뛰었지.

차에 치이고 말았어.

어떡해….

얼마나 잠들어 있었나 몰라.
눈을 뜨니 눈앞에 의사 선생님이 있더라고.
죽지 않은 모양이야.

아, 근데
다리에 힘이 너무 없어.

여긴 어디지?
유기동물 보호소라는 곳인가?

아무래도 나는 버려진 건가 보다.

내가 뭘 잘못한 걸까?

모르는 사람이 자꾸 말을 붙인다.
산책을 가자고?

가족에게 버려지고
나는 살아야 할 의미를 잃었어.

개, 고양이 남매가 보호소를 찾아왔어.
미안하긴. 버려진 줄 모른 내가 바보였지.

자기 가족에게 말을 해보겠단다.

고마운 친구들이야.

보호소에 온 지 얼마나 지난 걸까?
보호소의 시간은 느리게 가.

개, 고양이 남매는 엄마에게 부탁 중이다.
친구 좀 도와달라고!

이상하게 이번에는 말이 잘 안 통한다.

내 옆에 새로운 아이가 들어왔어.
길을 많이 헤맸나 보다. 너무 말랐어.

분위기가 심상치 않다.

입양을 가지 못하면 안락사될 거라고.

아, 나, 죽으러 가는 거야?

목욕이랑 미용을 하는 거였어.
괜히 놀랐네.

유기동물 입양 행사의 날!
나도 새 가족을 만날 수 있을까?

낯선 곳이라서 조용히 앉아 있는데
지나가던 개가 나를 보고 달려왔어.

소풍 가던 개, 고양이 남매더라고.

자기 엄마한테 빨리 간절한 눈빛을 보내래.
입양해 달라고.

나, 새 가족이 생겼어.
끝까지 함께 할 진짜 가족이!

책공장더불어의 책

유기동물에 관한 슬픈 보고서 (환경부 선정 우수환경도서, 어린이도서연구회에서 뽑은 어린이·청소년 책, 한국간행물윤리위원회 좋은 책, 어린이문화진흥회 좋은 어린이책)
동물보호소에서 안락사를 기다리는 유기견, 유기묘의 모습을 사진으로 담았다. 인간에게 버려져 죽임을 당하는 그들의 모습을 통해 인간이 애써 외면하는 불편한 진실을 고발한다.

유기견 입양 교과서
유기견을 도우려는 사람을 위한 전문적인 정보·기술·지식을 담았다. 버려진 개의 마음 읽기, 개가 보내는 카밍 시그널과 몸짓언어, 유기견 맞춤 교육법, 입양 성공법 등이 담겼다.

버려진 개들의 언덕 (학교도서관저널 추천 도서)
인간에 의해 버려져서 동네 언덕에서 살게 된 개들의 이야기. 새끼를 낳아 키우고, 사람들에게 학대를 당하고, 유기견 추격대에 쫓기면서도 치열하게 살아가는 생명들의 2년간의 관찰기.

순종 개, 품종 고양이가 좋아요?
사람들은 예쁘고 귀여운 외모의 품종 개, 고양이를 좋아하지만 많은 품종 동물이 질병에 시달리다가 일찍 죽는다. 동물복지 수의사가 반려동물과 함께 건강하게 사는 법을 알려준다.

채식하는 사자 리틀타이크 (아침독서 추천도서, 교육방송 EBS〈지식채널e〉방영)
육식동물인 사자 리틀타이크는 평생 피 냄새와 고기를 거부하고 채식 사자로 살며 개, 고양이, 양 등과 평화롭게 살았다. 종의 본능을 거부한 채식 사자의 9년간의 아름다운 삶의 기록.

대단한 돼지 에스더 (환경부 선정 우수환경도서, 학교도서관저널 추천도서)
인간과 동물 사이의 사랑이 얼마나 많은 것을 변화시킬 수 있는지 알려주는 놀라운 이야기. 300킬로그램의 돼지 덕분에 파티를 좋아하던 두 남자가 채식을 하고, 동물보호 활동가가 되는 놀랍고도 행복한 이야기.

동물을 만나고 좋은 사람이 되었다 (한국출판문화산업진흥원 출판 콘텐츠 창작자금지원사업 선정)
개, 고양이와 살게 되면서 반려인은 동물의 눈으로, 약자의 눈으로 세상을 보는 법을 배운다. 동물을 통해서 알게 된 세상 덕분에 조금 불편해졌지만 더 좋은 사람이 되어 가는 개·고양이에 포섭된 인간의 성장기.

동물을 위해 책을 읽습니다 (한국출판문화산업진흥원 출판 콘텐츠 창작자금지원사업 선정)
우리는 동물이 인간을 위해 사용되기 위해서만 존재하는 것처럼 살고 있다. 우리가 사랑하고, 입고, 먹고, 즐기는 동물과 어떤 관계를 맺어야 할까? 100여 편의 책 속에서 길을 찾는다.

사향고양이의 눈물을 마시다 (한국출판문화산업진흥원 우수출판 콘텐츠 제작지원 선정, 환경부 선정 우수환경도서, 학교도서관저널 추천도서, 국립중앙도서관 사서가 추천하는 휴가철에 읽기 좋은 책, 환경정의 올해의 환경책)
내가 마신 커피 때문에 인도네시아 사향고양이가 고통받는다고? 내 선택이 세계 동물에게 미치는 영향, 동물을 죽이는 것이 아니라 살리는 선택에 대해 알아본다.

묻다 (환경부 선정 우수환경도서, 환경정의 올해의 환경책)
구제역, 조류독감으로 거의 매년 동물의 살처분이 이뤄진다. 저자는 4,800곳의 매몰지 중 100여 곳을 수년에 걸쳐 찾아다니며 기록한 유일한 사람이다. 그가 우리에게 묻는다. 우리는 동물을 죽일 권한이 있는가.

동물원 동물은 행복할까? (환경부 선정 우수환경도서, 학교도서관저널 추천도서)
동물원 북극곰은 야생에서 필요한 공간보다 100만 배, 코끼리는 1,000배 작은 공간에 갇혀 살고 있다. 야생동물보호운동 활동가인 저자가 기록한 동물원에 갇힌 야생동물의 참혹한 삶.

고등학생의 국내 동물원 평가 보고서 (환경부 선정 우수환경도서)
인간이 만든 '도시의 야생동물 서식지' 동물원에서는 무슨 일이 일어나고 있나? 국내 9개 주요 동물원이 종보전, 동물복지 등 현대 동물원의 역할을 제대로 하고 있는지 평가했다.

책공장더불어 http://blog.naver.com/animalbook 페이스북 @animalbook4 인스타그램 @animalbook.modoo

동물 쇼의 웃음 쇼 동물의 눈물 (한국출판문화산업진흥원 청소년 권장도서, 한국출판문화산업진흥원 청소년 북토큰 도서)
동물 서커스와 전시, TV와 영화 속 동물 연기자, 투우, 투견, 경마 등 동물을 이용해서 돈을 버는 오락산업 속 고통받는 동물들의 숨겨진 진실을 밝힌다.

고통받은 동물들의 평생 안식처 동물보호구역 (환경부 선정 우수환경도서, 환경정의 올해의 어린이 환경책, 한국어린이교육문화연구원 으뜸책)
고통받다가 구조되었지만 오갈 데 없었던 야생동물의 평생 보금자리. 저자와 함께 전 세계 동물보호구역을 다니면서 행복하게 살고 있는 동물을 만난다.

동물학대의 사회학 (학교도서관저널 올해의 책)
동물학대와 인간폭력 사이의 관계를 설명한다. 페미니즘 이론 등 여러 이론적 관점을 소개하면서 앞으로 동물학대 연구가 나아갈 방향을 제시한다.

동물주의 선언 (환경부 선정 우수환경도서)
현재 가장 영향력 있는 정치철학자가 쓴 인간과 동물이 공존하는 사회로 가기 위한 철학적·실천적 지침서.

인간과 동물, 유대와 배신의 탄생 (환경부 선정 우수환경도서, 환경정의 선정 올해의 환경책)
미국 최대의 동물보호단체 휴메인소사이어티 대표가 쓴 21세기 동물해방의 새로운 지침서. 농장동물, 산업화된 반려동물 산업, 실험동물, 야생동물 복원에 대한 허위 등 현대의 모든 동물학대에 대해 다루고 있다.

동물들의 인간 심판 (대한출판문화협회 올해의 청소년 교양도서, 세종도서 교양 부문, 환경정의 청소년 환경책, 아침독서 청소년 추천도서, 학교도서관저널 추천도서)
동물을 학대하고, 학살하는 범죄를 저지른 인간이 동물 법정에 선다. 고양이, 돼지, 소 등은 인간의 범죄를 증언하고 개는 인간을 변호한다. 이 기묘한 재판의 결과는?

개가 행복해지는 긍정교육
개의 심리와 행동학을 바탕으로 한 긍정교육법으로 50만 부 이상 판매된 반려인의 필독서. 짖기, 물기, 대소변 가리기, 분리불안 등의 문제를 평화롭게 해결한다.

임신하면 왜 개, 고양이를 버릴까?
임신, 출산으로 반려동물을 버리는 나라는 한국이 유일하다. 세대 간 문화충돌, 무책임한 언론 등 임신, 육아로 반려동물을 버리는 사회현상에 대한 분석과 안전하게 임신, 육아 기간을 보내는 생활법을 소개한다.

개에게 인간은 친구일까?
인간에 의해 버려지고 착취당하고 고통받는 우리가 몰랐던 개 이야기. 다양한 방법으로 개를 구조하고 보살피는 사람들의 아름다운 이야기가 그려진다.

노견 만세
퓰리처상을 수상한 글 작가와 사진 작가가 나이 든 개를 위해 만든 사진 에세이. 저마다 생애 최고의 마지막 나날을 보내는 노견들에게 보내는 찬사.

후쿠시마에 남겨진 동물들 (미래창조과학부 선정 우수과학도서, 환경부 선정 우수환경도서, 환경정의 청소년 환경책)
2011년 3월 11일, 대지진에 이은 원전 폭발로 사람들이 떠난 일본 후쿠시마. 다큐멘터리 사진 작가가 담은 '죽음의 땅'에 남겨진 동물들의 슬픈 기록.

후쿠시마의 고양이 (한국어린이교육문화연구원 으뜸책)
동일본 대지진 이후 5년. 사람이 사라진 후쿠시마에서 살처분 명령이 내려진 동물을 죽이지 않고 돌보고 있는 사람과 함께 사는 두 고양이의 모습을 담은 사진집.

동물과 이야기하는 여자
SBS〈TV 동물농장〉에 출연해 화제가 되었던 애니멀 커뮤니케이터 리디아 히비가 20년간 동물들과 나눈 감동의 이야기. 병으로 고통받는 개, 안락사를 원하는 고양이 등과 대화를 통해 문제를 해결한다.

개.똥.승. (세종도서 문학 부문)
어린이집의 교사면서 백구 세 마리와 사는 스님이 지구에서 다른 생명체와 더불어 좋은 삶을 사는 방법, 모든 생명이 똑같이 소중하다는 진리를 유쾌하게 들려준다.

용산 개 방실이 (어린이도서연구회에서 뽑은 어린이·청소년 책, 평화박물관 평화책)
용산에도 반려견을 키우며 일상을 살아가던 이웃이 살고 있었다. 용산 참사로 갑자기 아빠가 떠난 뒤 24일간 음식을 거부하고 스스로 아빠를 따라간 반려견 방실이 이야기.

사람을 돕는 개 (한국어린이교육문화연구원 으뜸책, 학교도서관저널 추천도서)
안내견, 청각장애인 도우미견 등 장애인을 돕는 도우미견과 인명구조견, 흰개미탐지견, 검역견 등 사람과 함께 맡은 역할을 해내는 특수견을 만나본다.

치료견 치로리 (어린이문화진흥회 좋은 어린이책)
비 오는 날 쓰레기장에 버려진 잡종 개 치로리. 죽음 직전 구조된 치로리는 치료견이 되어 전신마비 환자를 일으키고, 은둔형 외톨이 소년을 치료하는 등 기적을 일으킨다.

고양이 그림일기 (한국출판문화산업진흥원 이달의 읽을 만한 책)
장군이와 흰둥이, 두 고양이와 그림 그리는 한 인간의 일 년 치 그림일기. 종이 다른 개체가 서로의 삶의 방법을 존중하며 사는 잔잔하고 소소한 이야기.

고양이 임보일기
《고양이 그림일기》의 이새벽 작가가 새끼 고양이 다섯 마리를 구조해서 입양 보내기까지의 시끌벅적한 임보 이야기를 그림으로 그려냈다.

우주식당에서 만나 (한국어린이교육문화연구원 으뜸책)
2010년 볼로냐 어린이도서전에서 올해의 일러스트레이터로 선정되었던 신현아 작가가 반려동물과 함께 사는 이야기를 네 편의 작품으로 묶었다.

고양이는 언제나 고양이였다
고양이를 사랑하는 나라 터키의, 고양이를 사랑하는 글 작가와 그림 작가가 고양이에게 보내는 러브레터. 고양이를 통해 세상을 보는 사람들을 위한 아름다운 고양이 그림책이다.

나비가 없는 세상 (어린이도서연구회에서 뽑은 어린이·청소년 책)
고양이 만화가 김은희 작가가 그려내는 한국 고양이 만화의 고전. 신디, 페르캉, 추새. 개성 강한 세 마리 고양이와 만화가의 달콤쌉싸래한 동거 이야기.

펫로스 반려동물의 죽음 (아마존닷컴 올해의 책)
동물 호스피스 활동가 리타 레이놀즈가 들려주는 반려동물의 죽음과 무지개다리 너머의 이야기. 펫로스(pet loss)란 반려동물을 잃은 반려인의 깊은 슬픔을 말한다.

강아지 천국
반려견과 이별한 이들을 위한 그림책. 들판을 뛰놀다가 맛있는 것을 먹고 잠들 수 있는 곳에서 행복하게 지내다가 천국의 문 앞에서 사람 가족이 오기를 기다리는 무지개다리 너머 반려견의 이야기.

고양이 천국 (어린이도서연구회에서 뽑은 어린이·청소년 책)
고양이와 이별한 이를 위한 그림책. 실컷 놀고, 먹고, 자고 싶은 곳에서 잘 수 있는 곳. 그러다가 함께 살던 가족이 그리울 때면 잠시 다녀가는 고양이 천국의 모습을 그려냈다.

깃털, 떠난 고양이에게 쓰는 편지
프랑스 작가 클로드 앙스가리가 먼저 떠난 고양이에게 보내는 편지. 한 마리 고양이의 삶과 죽음, 상실과 부재의 고통, 동물의 영혼에 대해 써 내려간다.

인간과 개, 고양이의 관계심리학
함께 살면 개, 고양이와 반려인은 닮을까? 동물학대는 인간학대로 이어질까? 248가지 심리실험을 통해 알아보는 인간과 동물이 서로에게 미치는 영향에 관한 심리 해설서.

암 전문 수의사는 어떻게 암을 이겼나
암에 걸린 세계 최고의 암 수술 전문 수의사가 동물 환자들을 통해 배운 질병과 삶의 기쁨에 관한 이야기가 유쾌하고 따뜻하게 펼쳐진다.

우리 아이가 아파요!
개·고양이 필수 건강 백과
새로운 예방접종 스케줄부터 우리나라 사정에 맞는 나이대별 흔한 질병의 증상·예방·치료·관리법, 나이 든 개, 고양이 돌보기까지 반려동물을 건강하게 키울ㅈ 수 있는 필수 건강백서.

고양이 질병의 모든 것
40년간 3번의 개정판을 낸 고양이 질병 책의 바이블로 고양이가 건강할 때, 이상 증상을 보일 때, 아플 때 등 모든 순간에 곁에 두고 봐야 할 책이다. 질병의 예방과 관리, 증상과 징후, 치료법에 대한 모든 해답을 완벽하게 찾을 수 있다.

개, 고양이 사료의 진실
미국에서 스테디셀러를 기록하고 있는 책으로 2007년 멜라민 사료 파동 등 반려동물 사료에 대한 알려지지 않은 진실을 폭로한다.

개 피부병의 모든 것
홀리스틱 수의사인 저자는 상업사료의 열악한 영양과 과도한 약물사용을 피부병 증가의 원인으로 꼽는다. 제대로 된 피부병 예방법과 치료법을 제시한다.

개·고양이 자연주의 육아백과
세계적인 홀리스틱 수의사 피케른의 개와 고양이를 위한 자연주의 육아백과. 50만 부 이상 팔린 베스트셀러로 반려인, 수의사의 필독서. 최상의 식단, 올바른 생활습관, 암, 신장염, 피부병 등 각종 병에 대한 대처법도 자세히 수록되어 있다.

야생동물병원 24시 (어린이도서연구회에서 뽑은 어린이·청소년 책, 한국출판문화산업진흥원 청소년 북토큰 도서)
로드킬 당한 삵, 밀렵꾼의 총에 맞은 독수리, 건강을 되찾아 자연으로 돌아가는 너구리 등 대한민국 야생동물이 사람과 부대끼며 살아가는 슬프고도 아름다운 이야기.

숲에서 태어나 길 위에 서다
현장 과학자의 야생동물 로드킬에 대한 기록. 매년 로드킬로 죽는 야생동물이 30만 마리다. 그들과의 공존을 모색한다.

똥으로 종이를 만드는 코끼리 아저씨 (환경부 선정 우수환경도서, 한국출판문화산업진흥원 청소년 권장도서, 서울시교육청 어린이도서관 여름방학 권장도서, 한국출판문화산업진흥원 청소년 북토큰 도서)
코끼리 똥으로 만든 재생종이 책. 코끼리 똥으로 종이와 책을 만들면서 사람과 코끼리가 평화롭게 살게 된 이야기를 코끼리 똥 종이에 그려냈다.

물범 사냥 (노르웨이국제문학협회 번역 지원 선정)
북극해로 떠나는 물범 사냥 어선에 감독관으로 승선한 마리는 낯선 남자들과 6주를 보내야 한다. 남성과 여성, 인간과 동물, 세상이 평등하다고 믿는 사람들에게 펼쳐 보이는 세상.

동물은 전쟁에 어떻게 사용되나?
전쟁은 인간만의 고통일까? 자살폭탄 테러범이 된 개 등 고대부터 현대 최첨단 무기까지, 우리가 몰랐던 동물 착취의 역사.

햄스터
햄스터를 사랑한 수의사가 쓴 햄스터 행복·건강 교과서. 습성, 건강관리, 건강식단 등 햄스터 돌보기 완벽 가이드.

토끼
토끼를 건강하고 행복하게 오래 키울 수 있도록 돕는 육아 지침서. 습성·식단·행동·감정·놀이·질병 등 모든 것을 담았다.

동물에 대한 예의가 필요해

초판 1쇄	2021년 10월 4일

지은이	박현주

편집	김보경
디자인	박현주 iain@naver.com
교정	김수미
인쇄	정원문화인쇄

펴낸이	김보경
펴낸 곳	책공장더불어

책공장더불어

주소	서울시 종로구 혜화동 5-23
대표전화	(02)766-8406
이메일	animalbook@naver.com
블로그	http://blog.naver.com/animalbook
페이스북	@animalbook4
인스타그램	@animalbook.modoo

ISBN	978-89-97137-46-6 (03810)

* 잘못된 책은 바꾸어 드립니다.
* 값은 뒤표지에 있습니다.